종심從心의 언덕

그루 현대시인선 22

종심從心의 언덕

김원호 시집

그루

시인의 말

내 시는 일상 속에서 체험하고 사유한 것을 담은 내 마음의 풍경이다.

나는 관념적이거나 모호한 시어가 아닌 생활 속 언어로 유연하게 표현하는 시를 즐겨 쓴다. 난해한 시를 쓸 능력이 없어서이기도 하지만, 시가 의미 있는 것이 되려면 그 의미가 보편성의 어느 언저리에라도 닿아야 한다고 생각한다.

많은 망설임 끝에 내는 이 시집이 어렵게 살아가는 사람들의 마음에 공감의 위안이 되어 주면 좋겠다.

2024년 3월

김원호

차례

제2부

제3부

제 4 부

제1부

아침 풍경

맑은 햇살 아래
청신한 산색이 그림처럼 두렷하고
금방 푸른 물이 묻어날 것 같은
바람이 가슴을 씻어 주는 아침

지팡이 대신 생수통 들고
아침 등산을 다녀오는 사람들
볼 붉은 아이들 밝은 웃음소리가
음악처럼 번지던 골목길

코로나 광풍에 얼어붙은 전신주 위
이당以堂*의 수묵화 속을 날던
참새 한 마리 앉아
아득한 세상을
우두커니 바라보고 있다

*김은호(金殷鎬) 화백의 호

산촌에 사는 행복

음악가가 없어도
철 따라 새들이 노래를 불러주고
화가가 없어도
자연이 아름다운 그림을 그려주는
연악淵岳 산촌

요즘같이 무더운 때
거추장스런 옷 다 벗고 살아도
남이 볼까 두려울 게 없고
깨끗한 공기 마시며 살 수 있으니
얼마나 큰 은혜인가

시끄러운 소리 안 듣고
추한 것 안 보고
내 나름대로 살 수 있는 자유
얼마나 큰 축복인가

산 아래 오일장에라도 가면
만나는 사람 붙잡고
혼자 있을 때 하지 못했던 말들을

마음껏 쏟아놓는 것으로
답답한 가슴 다 열리니
얼마나 큰 행복인가

자연 읽기

청옥같이 맑은 하늘
금오산金烏山 정기 맞아들이니
창밖이 그대로 한 폭의
시원한 그림

내가 그리는 그림은
붓이 지날 때마다 탁한 자국만 남는데
자연이 그린 그림은
색이 더해질수록 청풍이 인다

어지러운 세상
문제의 답이 그 속에 다 있는데
우리는 마냥 밖에서만 답을 찾고 있으니
빗나간 화살들이 쌓일 수밖에

자연의 깊이

때 되면 잎 피고 꽃 피는
이치는 어김없고
자신의 말로 작은 연초록 잎 하나
움직이지 못하면서도
저마다 스스로 영장靈長이라며
목청을 높이는데

조용히 숨어 있다가
세상의 잣대로는
가늠할 수 없는 모습으로
슬며시 얼굴을 내미는
눈부신 빛과 아득한 깊이

모진 바람 불어도
남의 옷 입지 않고
묵묵히 제 가락으로 빛나는 자랑
누가 감히 흉내 낼 수 있으랴

생명의 비

메마른 땅에
천금 같은 비가 내린다
여름 내내 근처에 머물던
먼지가 젖고
더운 일상의 늪에
숨죽여 온 영혼이
깨어나고 있다
안 보이던 산이 산으로 높고
강이 강으로 흐르고
모처럼 듣는 소낙비 소리에
막혀 있던 고막이 열려
새롭게 눈뜨는
생명의 소리가 들린다

눈 한 번 내리니

눈 한 번 내리니
시끄럽던 세상이
거짓말같이 조용해졌다
어느 정치가가
이 조용한 평화를 이룰 수 있을까
검고 푸르고 높고 낮은 세상이
순백으로 하나가 되었다
어느 화가가
이 깨끗한 그림을 그릴 수 있을까
숭고한 자연의 순리 앞에
새삼 내가 작아 보인다

진실

아무리 바람 불어도
제 이름 지키고

메마른 땅에서도
뿌리 내려 꽃을 피우고

저마다 색깔이 달라도
다투지 않고

세상이 달아나도
그 자리에 있다

자연의 비밀

금방이라도 비를 뿌릴 듯이
하늘이 산 아래까지 내려오더니
어디에 숨어 있다가
무수히 부서지는 햇살의 비밀
사람의 잣대로는 가늠할 수 없다
어쩌면 저토록 지치지도 않고
같은 일을 할 수 있는지
사람들은 일이 뜻 같지 않으면
애꿎은 세월을 탓하지만
세상이 무슨 말을 해도
언제나
있어야 할 그 자리에 있다

살다 보면 이런 때도

한여름 햇살이 이리 반가울 수야
마을이 온통 잔칫집 같다
골목마다 아낙들이 모여
산과 강과 세상을 이야기하고
집집마다 창을 열어
옷가지며 이불을 말리는 얼굴이
해보다 둥글고 밝다
긴 장마에 눅눅하게 젖은 마음들이
밝은 햇살 아래 반짝이고 있다
살다 보면 이렇게
한여름 햇살도
반가울 때가 있나 보다

꽃은 봄에만 피는 게 아니다

사람들은 봄이 꽃 피는 계절이라지만
꽃은 봄에만 피는 게 아니다
봄, 여름, 가을, 겨울
계절 따라 저마다 피는 꽃이 있다
어디 꽃뿐이랴
여름엔 더위를 식혀주는 녹음이
가을엔 파란 하늘과 노랗고 붉은 단풍이
겨울엔 새하얀 눈 덮인 산과 들이 꽃이다
누군가에겐 포장도로에 가려져 있는
흙먼지 이는 시골길이
오솔길 끝에 있는 옹달샘이 꽃이다
아름다운 마음으로 보면
세상이 온통 꽃이다

종심從心의 언덕에서

종심從心의 언덕에서 돌아보니 모두가 사랑이다. 맨날 보는 산 맨날 보는 들과 길도 사랑이고 답답하게 높기만 하던 금오산도 사랑이다. 우기 속을 걷는 청청한 나무도 사랑이고 가뭄에 가물가물 넘어가는 잔디와 더위에 지쳐 있는 상수리나무에게 해를 가려주는 구름도 사랑이다.

되돌아보는 회귀의 길엔 모두가 사랑이다.

봄소식

삼월이 다 가도록
봄소식 든 편지를 받지 못한 듯
수취인 불명의 봄만 떠돌더니
자연의 입김 같은 봄비가 지나가자
수천 개 얼굴을 한 봄들이
순해진 바람 사이로
보송한 새순을 내밀고 있다
그 속에서 세상이 귀를 열고
초록빛 움이 터져 나오는
소란스러운 숨소리
떠들썩한 계절의 수다를 들으며
코로나 팬데믹으로 참아 왔던
샘물 같은 이야기
두런두런 나누고 있다
세상이 온통 생명의 열기로 뜨겁다

고향의 봄

라일락 향기가 천지에 번져 흐르고
하얀 감꽃이 다투어 피는 날
고향 집이 그리워 찾아갔다
푸른 호박 넝쿨들이
서로 가야 할 다른 길이 있는 듯
뒤엉켜서 꿈틀꿈틀 뻗고
어찌할 수 없을 만큼 허물어진
재실 앞 연못가에
늙고 풍성한 수양버들이
연둣빛 어린 가지를
주렴처럼 물 위에 드리우고
수런수런 옛이야기를 들려주고 있다
그 속에서 호젓한 시간이
세상에 눈감고 낯선 바람 다독이며
조용조용 흐르고 있다
아무도 가르쳐 주지 않아도 저마다
제 길을 고분고분 걷고 있다

내 삶의 엔도르핀

마흔 해 교단을 퇴직하면서
출퇴근이 일상이던 리듬을 접었다
새 리듬을 찾다가 다가온 파크 골프
불처럼 번지는 웰빙 광풍 속에서
집 안에서만 머물던 나를 불러내어
활력을 안겨준 내 삶의 엔도르핀
운동도 운동이지만
따뜻한 사람들과 함께하는 것만으로도
삶의 새 희망이 되고 있다
넓고 시원한 잔디 위에서
맑은 공기 마시며 힘껏 스윙해
공을 맞히는 순간
스트레스가 공과 함께 날아간다
어쩌다 홀인이라도 하면
하나같이 달려와서 하이파이브로
환호하며 기쁨을 함께하는 사람들
오색 공이 잔디에 구르면 즐겁고
공이 홀에 빨려드는 소리 듣는 순간
희열과 쾌감은 절정에 이른다
이 벅찬 즐거움을 어디에 비기랴

사람의 무게

세상을 다 태울 것같이
뜨겁던 하늘에서
오늘은 거짓말같이
시원한 소나기가 내리고 있다.
장마철에 지겹다고
그리도 푸대접하던 비를
가뭄 속에 내리니
하나같이 나서서
금비라고 반긴다.
필요한 건 무엇이든
귀해야 대접 받는가
배추가 금추가 되고
오징어가 금징어가 되는 세상이지만
사람은 어느 때라도
사람인 세상이 되어야지
요즘 세상 보면
사람의 무게가 낯설다.

아우슈비츠 수용소에서

수용소 입구에서 만난
'ARBEIT MACHT FREI!(노동이 너희를 자유케 하리라)'

누구를 위한 노동이고 자유의 의미가 무엇인지. 어리둥절 복도에 들어서니 방마다 가득 죽어간 사람들의 피 묻은 머리털과 신발, 옷, 가방 등 생활용품 더미더미. 소름이 돋는다. 샤워하라고 몰아넣어 죽인 가스실과 시체의 금니를 빼고 머리카락을 자른 후 불가마에 태웠다는 소각로와 인간 생체 실험실……. 이게 사람 소행이라니 사람인 게 부끄럽다. 이걸 보고도 하늘을 믿어야 하나 전지전능하다는 하느님께서는 그때 어디 계셨는지. 수상首相 한 사람 무릎 꿇는다고 용서될 일이 아니다. 죽어가면서 가스실 벽에 손톱으로 할퀸 통한의 고통 자국들. 일제 강점기 탄광에서 일하다가 죽어가며 써놓은 "어머니 보고 싶어요. 고향에 가고 싶어요" 아픈 우리 역사가 겹쳐 보여 한동안 눈을 감고 있었다.

숨 막히는 이야기

지하 수백 미터의 폴란드 소금 광산
그곳에서 들은 슬픈 말馬 이야기
망아지로 잡혀 와 햇빛 한 번 못 보고
죽을 때까지 눈멀도록 일만 했다는
말 못 하는 말 이야기가
혹사당한 광부 이야기보다 슬프다
사람이야 일 마치면 돌아가
바깥세상을 볼 수 있었지만
말 못 하는 말들은 어두운 갱 안에서
죽어야 바깥세상으로 나올 수 있었다니
생각만 해도 숨이 막힌다
인간의 이기심에 끌려다니다가
눈이 먼 말들의 형상이
욕망의 역사를 기억하고 있을
칠흑의 마구간
소금을 나르던 흔적이 남아 있는
굴곡진 길 앞에서 그 흔한
약속만 매만지다 바깥으로 나오니
푸른 하늘 넓디넓은 초원에서
말들이 한가로이 풀을 뜯고 있다

노르웨이 산촌 평원에서

높은 산 계곡 사이의 넓은 초원에
한가하게 풀을 뜯는 소떼와 양떼
드문드문 보이는 그림 같은 집
평화로운 그 풍경 속에
사람이 보이지 않는다
관광객들은 아름답다고 경탄하지만
사람 냄새 나는 세상을 그리워하는 나는
이웃 없이 그 속에서 사는
사람들을 상상만 해도 가슴이 답답하다
자연이 아무리 아름다워도
사람 없으면 무슨 의미가 있을까
숨 막히도록 광활한 풍경을 보면서
힘들고 어려울 때마다
세상을 벗어나 조용한 자연 속에서
살았으면 좋겠다고 했던 말들이
목구녕 속으로 쏙 들어가 버린다

도리사桃李寺* 에서

아득한 인연이 쌓인
요즘 언어로 해독解讀이 안 되는
냉산冷山 가슴에
미풍과 함께 온 가을
극락전 풍경 소리에
60년 수행 스님 마음이 보일 듯하다.

서대西臺 너머
꿈같은 금빛 하늘
신비로운 기운이
고즈넉이 다가와
온 산을
붉게 물들인다.

숨어 있다가
때가 되면
슬며시 얼굴을 내미는
저 자연의 비밀
사람도 갈 때
저리 아름답게 가면 좋겠다.

제 **2** 부

요즘 세상

질정 없이 세상 휘젓는 바람
설레발을 치는 연기
날로 가팔라가는 언덕
어디에도 바쁘지 않은 게 없다
바빠야 사는 세상이라서
하늘마저 얼굴 바꿔 가며
횡설수설인가
세상에는 사람의 힘으로
맞설 수 없는 일들 많은데
자고 나면 새순처럼 돋아나는
부신 말과 요란한 깃발들
경계가 모호할수록
주인이 많은 법인가
함성은 요란한데
어디를 둘러봐도
내 영혼 쉬어 갈
풀밭 하나가 보이지 않는다

요즘 풍경

산뜻하게 씻긴 산색이
중후한 모습으로 다가서고
기가 한풀 꺾인 소나무 점잖은 보색이
청신한 기운을 더해 가는 계절에
지각한 폭설이 내렸다
세상이 흐려질 때마다
잃어버린 어머니의 노래를
숲에서 찾곤 했는데
때아닌 폭설에 노래가 묻혀 버렸다
답답한 도시
숨통처럼 비어 있던 여백에
짐승 같은 아파트가 들어서면서
아침을 불러주던 새마저
날아가 버려 아득한데
어쩌자고 계절이 이리 횡설수설인지
정신 나간 세상이 닮을까 두렵다

오늘 4

허우적거리며
달려가는 세상
이미 저만큼 가버렸는데
누구를 만나려고
저리 바삐 오고 있는 것인지
지우려 한다고
지워지는 게 아닌데
영혼을 흔들어 놓는
부신 말들이 넘치는 거리
굳게 닫힌 카페 문밖에서
세상모르는 한 노인
금지된 담배를 피우고 있다
이 어두운 사랑의 시대에

근황

세상이 혼미해진 탓인가
수십 미터 거리의 풍경은 보이는데
눈앞의 신문을 읽을 수가 없다
그렇다고 돋보기를 쓰면
먼 곳이 또 아득해지니
속수무책이다

이리 될 줄은 생각지 못하고
젊은 시절 학생들에게
가까운 곳보다
먼 곳을 보는 눈을
가지라고 했던 말을
돌려받고 싶다

가까운 곳 먼 곳
가리지 않고 보이던
그때는 들리지 않던
시간 가는 소리가 보이는 요즈음
바닥 드러나는 시력에 더해
건너온 세월의 거리만큼

구멍이 생긴 기억의
흩어진 조각들을 맞춰 보다가
스스로 무안해진다

믿어도 될까

슬며시 내미는 손
흑 비단에 이는 여울
믿어도 될까

불 지피면 뜨거워지다가
불 꺼지면 이내 차가워지는
양은냄비 같은
요즘 세상

그 너머

은비늘 물결 사이로
은근한 속정 내비치는
오래된 집 간장 같은 이야기

그 이야기를 듣고 있으면
이상하게
엉킨 마음이 빗질 된다

모르는 소리

기차의 좌석표가 매진이라
입석표로 탔더니 빈자리가 있다

망설이다 빈자리에 앉으니
마주 앉은 사람이
하늘을 아느냐고 묻는다

눈이 어두워 사람도 모르는데
높은 하늘을 어찌 알겠느냐고 했더니
모르는 소리 하지 말란다

어두운 건 사람이지 하늘이 아닌데도
사람만 보고 사는 게 문제란다

모두가 하늘만 보고 산다면
더 어두워지면 어쩔 거냐 했더니
내 구겨진 입석표를 가리키며
쓸쓸하게 웃는다

봄의 얼굴

무슨 사연이 그리도 많은지
자고 나면 다른 얼굴이다
어디 갔다가 이제 왔느냐는 듯
파란 잎들이 옹기종기
줄기의 옆구리에 툭툭 나와
고개를 든다
–나 여기 있어요
–나 여기 있어요
마른 잡풀 속에서
여기저기 꽃이 핀다
고개 돌리니 곳곳에서
–시간 있으면 나 보러 오세요
–바빠요
–요즘 바쁘지 않은 사람 있어요?
듣고 보니 그렇다
내 안에 봄이 와 있는데
밖에서만 봄을 찾고 있었다

변신의 계절

어수선한 세상 되니
나무도 세상을 닮아가는지
솔가지 사이사이 잎이 진다
봉래산 제일봉의
낙락장송까지는 아니더라도
굽은 허리로도 꼬장꼬장
절節 하나는 곧았는데
제 잎 하나 지키지 못하고
철 따라 속없이 피고 지는,
이름만 남아 있는 소나무
이름도 나무도
소나무가 소나무로 살던
그때가 그립다

한여름 새벽

창가에 앉아 바라보는 가로등
안개에 젖어 희미하다

보이지 않는 곳에서 밤을 새워
여름을 쓸어내리는 풀벌레 소리

무한 질주하는 심야 택시와
밤을 깨우는 주정뱅이의
낯설지 않은 풍경

새벽잠을 덜 깬 부스스한 발걸음 소리
조간신문을 던지며 사라진다

세상이 산문으로
바뀌어가는 길목에서
저만큼 멀어져가는 시

멀어지는 달

팔월의 열대야
창틈으로 새 들어온
달빛에 잠 깨어
어둠을 만지다가
밝으면 더 더울 것 같아
전등도 끈 채
눈 감고 있다

사람이 너무 밝아
어두워진 세상
눈부신 손가락에 가려
달이 저만큼
멀어지고 있다

어지러운 계절

세상이 잘못 돌아가도
꽃은 제때 피어야 하는데
낙엽 지는 계절, 양지바른 바위 아래
철 모르고 피는 개나리꽃
하늘이 내린
어수선한 세상의 상장喪章 같다

사람이 죄지으면 하늘이 벌주는데
하늘이 잘못하면 누가 벌을 주지
정작 변해야 할 건 변하지 않고
변하지 말아야 할 게 변한다

광풍으로 삶의 행간이 흔들릴 때면
세월이 그려놓은 그림자를 넘나들며
인연의 굴곡에 스며들던,
지금은 아무도 찾지 않는
그 언덕이 그립다

낯선 가을

매미 소리와 함께 여름이 가면
푸른 하늘에 고추잠자리 날곤 하는데
별난 무더위에 벌레들도 더위 먹었나
그악스레 울어대던 매미 소리 멀어지고
처서, 백로 다 지나가도록
고추잠자리가 안 보인다
여름 장마는 옛말이 되어버렸는가
그리도 인색하던 비가 때아닌 가을에
농민들에게 화풀이하듯 쏟아지고 있다
자연이 세상을 닮아 제 걸음이 아니다
이젠 교과서 속 장마와 고추잠자리의
계절을 고쳐 써야 되지나 않을지

까마귀

아침 산책길에 오래 보이지 않던
까마귀 한 쌍을 만났다
무엇이 검고 흰 줄을 모르는 세상
겉 검은 게 죄가 되어
숨죽이며 까치들 언저리를 날던
그때가 차라리 속 편했다고
저리 묵묵하기만 한지
아니면 피해 산 몇 해 동안
아예 사람을 사람으로 보지 않기로
작정이라도 한 건지
가까이 가도 무서워할 줄 모르고
죄 없는 땅만 마냥 쪼고 있다
까악, 까악, 세상을 깨우던
그 목청 어디 두었는지
풀잎 같은 신음 소리조차 안 들린다
너희에게 무슨 죄가 있나
눈 어두운 세상이 죄짓는 거지

비 맞는 세상

낯선 구름
폭풍처럼 몰려와

때아닌 계절에
무참히 비를 맞는다

그리도 기세등등하더니
말없이 젖는구나

희뿌연 비안개 속
들리는 건 젖은 소리뿐

그 많던 깃발들은
다 어디로 갔나

묵묵부답 밤을 지키는
가등街燈이 외롭다

푸념

승차권을 사러 역 창구에 가니
묻지도 않고 경로 승차권을 준다

얼굴이 경로증이라니
남 보느라 정작 나를 못 보고
모두 아는 걸 나만 몰랐나

산에서 산을 제대로 볼 수 없고
강에서 봐야 산이 제대로 보이듯
자기가 자기를 볼 수 없으니
거울에 비춰 볼 수밖에

머리 가득 서리를 이고 있는
거울 속 내 모습 보니
고개를 돌리고 싶다

나무에게

항시 말이 없고 젖을수록 생기가 도는 너는 인간과는 너무 멀어라.

어김없이 오가는 계절의 순리에 맞춰 푸르러야 할 때 푸르고, 물들어야 할 때 물들고, 벗어야 할 때 미련 없이 벗어버리는 무량無量한 네 법 앞에 사람인 내가 부끄럽다. 말없이도 때 따라 푸르고, 누르고, 입고, 벗고, 자유로울 수 있는 너의 탈속脫俗을 닮을 도리가 없구나.

허전한 넋두리

시간의 속도가 너무 가파릅니다
마음은 아직도 청춘인데
사람들이 나를 보고
할아버지라고 합니다
엊그제 심은 것 같은
고향 집 텃밭의 감나무가
탐스런 감을 주렁주렁 매달고
한바탕 태풍이 스쳐 간 자리에
슬며시 가을이 고개를 내밉니다
뜨거운 여름의 끝자락을 붙잡고
매미가 악을 쓰며 울어대고
그 틈새를 비집고 군데군데
성미 급한 코스모스가
어색하게 웃고 있습니다
분홍빛 코스모스 사이에서 뛰놀던
철없던 딸애가 어미가 되어
칭얼대는 아기를 달래고
아내 머리에도 서리가 내립니다
어디에도 시간을 잡아둘
장사는 없나 봅니다

앞만 보고 정신없이 달려오는 사이
내가 보이지 않습니다
그렇다고 이의異意도 달 수 없습니다

그곳에 가고 싶다

긴 여름, 잡목 속에 묻혀 있던
정정한 소나무가 향을 피우는
늦가을의 산골짜기
저기 저 구릉지 어딘가에서
살진 노루가
마른 풀 냄새를 맡고 있을것 같다

무수히 쏟아지며 반짝이는
별들의 수수께끼
할머니 무릎 베고 듣던
흥부네 이야기
소록소록 숨 쉬고 있을 듯한
아늑한 저 산골짜기
시끄러운 세상 벗어 두고
잠시라도 그곳에 가고 싶다

정림사지定林寺址 오층 석탑

한때는 청청한 바람 불던 자리
모든 게 지나가고 홀로 남아
국보國寶라는 굴레에 묶여
갖은 세월의 신열을
온몸으로 받아들이고 있구나

녹슨 세월 속의 푸른 추억
영원히 녹지 않을 비의秘義를 안은 채
소리 내지 않고 우는 법을 익혀
푸른 이끼들을 넉넉히 키우고 있구나

세월의 깊고 긴 강을 넘어
천년을 지켜온 사랑이여
세상에 할 말이 많을 듯한데
마냥 하늘만 바라보고 있구나

제 **3** 부

무서운 서울

서울은 눈 뜨고 코 베이는 곳이라기에
눈 크게 뜨고 전철을 탔더니
눈 밝다는 젊은이들
자리에만 앉으면 하나같이 눈 감고
자는 시늉을 하고 있다
저들의 깊은 속을 알 수 없는
어리숙한 촌사람인 나는
저들이 혹 눈 감고도
코 베어 갈 궁리나 하지 않을까 두려워
눈을 감을 수가 없다
눈을 뜨고도 살아가기 힘든 세상에
자리에만 앉으면 눈을 감아버리는
사람들이 사는 서울
돋보기를 쓰고도 길을 못 찾는 나는
서울이 무섭다
무서운 걸 모르는 세상이 더 무섭다

식자우환識字憂患

세상이 답답해서
집으로 돌아가는 길이었다
대구역에서 한 노인이 어린 손자에게
'대구大邱'를 한자로 '大口'라고 쓴다고
가르치고 있다

손자가 입이 큰 물고기를
대구大口라고 한다며 고개를 끄덕인다
사람들로 넘쳐나는 대구에
큰 언덕[邱]보다 입[口]이 큰
대구大口가 어울릴 법도 하다

하지만 천진한 어린이에게는
어른이 잘 가르쳐야지
이러다가는 어른의 아버지라는 어린이가
자칫 세상을 잘못 읽고
어수선한 세상에서 헤매는
미아가 되지나 않을지 걱정이다

세상은 저만큼 앞서가는데

뜬금없이 입의 크기나 재고 있으니
눈이 내려야 할 계절에
비가 내리는지도 모른다

한 번도 경험 못한 세상

사람 만나 악수하지 않는 게 예의고
가까이서도 입 다물고 고개 돌리는 게
인사가 되어버린 세상

세상 무엇으로도 다 가릴 수 있는 게
없는 요즘 세상인데
마스크 하나로 입과 코를 가리고
수상한 세상을 아슬아슬 건너야 한다

새들은 나무 위에서
마스크를 쓰지 않고 즐겁게 노래하는데
사람들은 입을 가린 마스크 때문에
노래를 잃어가고 있다

선거 때 목소리 높여
한 번도 경험 못한 나라를 만들겠다고
외치던 그 나라가
이런 세상은 아니었을 텐데

줄어드는 메모

습관처럼 메모를 하는데
해가 갈수록 메모 양이 줄어든다
700자에서 600, 500, 400자가 되었다가
이젠 300자 채우기도 쉽지 않다
메모 양이 줄어드는 만큼
내 꿈과 남은 날들이 주는 것 같아
저만큼 바깥을 내다보지만
보이는 건 아득히 길을 가린 안개
믿던 것들이 하나둘 사라지다가
마지막 메모엔 몇 글자나 남게 될까
순백의 시간 어느 언저리에
머물고 있을 그 메모가 두렵다

슬픈 오만

바람 불 때마다
대문간 옆 감나무가 잉잉댄다
무성하던 잎사귀들 다 떨구고
앙상한 가지가 우는 것일까
옷을 입어도 추운 계절에
빈 몸으로 겨울을 보내자니
얼마나 추울까
바라보면 가슴이 시리다
바람만 남은 것 같은 세상
훌훌 벗어버리고 산다는 게
얼마나 슬픈 오만이냐
채워둘 것은 채워야지
비우기만 하면
텅 빈 속에서 무엇이 나올까
깊은 밤 차가운 별빛 아래
얼어붙은 가지가 빛난다

회한悔恨

십 년째 요양병원에서
경계선에 반쯤 발을 들여놓고
삶의 막바지를 서성이는 장모님
뵈올 때마다
헐겁게 웃는 모습 아프더니
이젠 아예 말을 잃었다
힘들고 고단한 여정에 대한
엄혹한 묵비권인가
가녀린 호흡으로 생명을 증명하는
수척한 모습 너머
맑고 정갈한 성품 선연한데
무슨 업보 이리 무거운가
무서리 스산한 저 바람 속에
수묵빛 그리움
가시가 되어 온몸을 찌른다

세월

김수영金洙暎의 시문집을 읽다 보니 그가 생전에 청마靑馬 시비 앞에서 인생무상을 목 놓아 울었다는 얘기가 나오는데, 그 김수영이 청마를 따라가고, 김수영이 가자 안수길安壽吉이 통절히 슬퍼하더니 안수길이 또 그 뒤를 따라가고, 안수길이 가자 최정희崔貞熙가 애석해하더니 최정희마저 그 뒤를 따라가고, 최정희가 갈 때 애통해하던 그 누구도 가고, 그 누구를 따라 또 그 누구도 가고, 그 누구를 따라 또 그 누구누구도 가고, 가고, 가고…….

세월을 생각하면 모든 게 사소해진다.

한 감동

상큼한 오월의 아침
출근하는 사람들과
등교하는 학생들로 붐비는 시가지
아스팔트 길 한가운데 버려진
비닐봉지와 빈 우유 팩
누구 하나 관심을 보이지 않는다
차이면 차이는 대로
밟히면 밟히는 대로
그저 바쁘게 지나가는 사람들
하나같이 무심한데
책가방을 메고 가던 꼬마 녀석
모두가 모른 척 지나쳐 버린 그걸
주섬주섬 주워서는
저만큼 떨어져 있는 쓰레기통에 버리고
아무 일 없었다는 듯이 간다
아, 행함으로 세상을 밝히는
깨어 있는 양심의
저 섬광처럼 눈부신
뒷덜미!

쓸쓸한 자유

6·25 반공 포로 석방 때
정든 고향 부모 형제 두고
자유 찾아 대한민국에 남은 황黃 씨*
연고 없는 이 땅에 정착하여
머슴살이하며 장가들어
아들딸과 행복하게 살던 모습
아프게 아름답더니
불유구不踰矩를 넘기면서
불의의 교통사고로
사랑하는 아내 먼저 보내고
팔순 노구를 전동차에 의지해
낯익은 마을 길 오가며
텅 빈 외로움 힘겹게 삼키시더니
모진 추위 몰아친 지난겨울
차가운 방에서 쓸쓸히 가셨다
생전에 꿈에도 그리던 북녘 고향
아스라이 먼 그 길
제대로 찾아나 가셨는지?
마을회관 오가던 모습 선연한데
느티나무 정자 앞길이 텅 비었다

빈자리에도 봄이라 새잎 푸르고
그가 간 뒷산에서 뻐꾸기가 운다
뻐꾹뻐꾹 저 소리
고향 뻐꾸기 소리 같다며
헐겁게 웃던 황 씨, 한 맺힌
그 모습 되살아나 가슴 적신다

*6·25 반공 포로로 경북 선산 무을에 정착해 살다 타계함.

천사를 만났다

텔레비전을 보다가
이야기로만 듣던 천사를 만났다
서른한 해째 어린애로 성장이 멈춰버려
팔도 손가락도 펴지 못하고
표정과 울음으로만 소통이 가능한
딸의 손발과 가슴이 되어 주는
인간 천사들

뼈만 앙상해 홀로 고개 돌릴 힘도 없어
아기처럼 누워 젖병을 물고 있는 딸
일용직으로 일하면서
딸에게 아빠라는 말 한 번 듣는 게
소원이라는 아버지와
딸이 자기 보석이라는 어머니

참보석의 가치와 행복의 의미를
잊고 살아가는 오늘
한없는 사랑으로 행복을 가꾸는
그 가정은 보석보다 값진 보석

보석은 어두울 때 더 빛나고
참행복은 강바닥에 가라앉아
희미하게 빛나는 사금 같은 것
어두운 사랑의 시대에
이런 보석을 만나다니
아득히 느껴지던 신성神性이 보인다

학鶴

—문몽식 선생님

파란 하늘 아래
살가운 햇살
산처럼 넉넉한 정기 데리고
물처럼 맑은 바람 불어주는
한 그루의 정정한 조선 소나무
그 아래 깃 치고 살아가는
순백의 선학仙鶴 한 쌍
큰 날개 긴 다리를 가지고도
넓은 골 높은 나무를 넘보지 않고
짐짓 뚜벅뚜벅
하늘을 향해 산

마셔도 마셔도 목이 탔다

—어머니 별세 소식 전보를 받고

아픈 가지 다독여 등불 앞에 서면
파도처럼 밀려드는 그리움
쉰 해 전 그때
하얀 종이 한 장 받고
나는 차라리 철모르는 천치이길 바랐다
쌓이고 쌓인 사랑이 한꺼번에 몰려와
울음조차 참아야 했다
그날따라 왜 그리도 목이 마르던지
마셔도 마셔도 목이 탔다
너무나 자애롭던 당신이기에
너무도 힘겨운 당신의 이승이었기에
흰 이빨을 드러내고 웃는 해가
야속하기 그지없었다
가만가만 스며드는
옥실 같은 말들을 떠올리면
그제도 오늘도 눈시울이 무른다

누가 알겠는가

아들 사십구잿날
바깥에서 서성이는
팔순의 아버지

"모두들 안에 있는데,
왜 같이 안 계시고 밖에 나와 계셔요?"

....
"내가 무너질 것 같아서"
....

그 말 한마디가
바위같이 무겁다

누가 알겠는가
먹먹한 그 마음을

어느 오후

눈부시게 빛나지도 않고
그렇다고 아주 흐리지도 않고
일상이 그윽하게 내려앉은 하오

낡은 리어카에
폐지를 가득 싣고
힘겹게 비탈길을 오르는
등 굽은 할아버지

무거운 책가방을 메고
어깨가 처진
하굣길 학생들의 군상

무더운 날 창을 통해
한참 멍하니
바라보고 있자니

멀리 테니스장에서
공 치는 사람들의 모습이
딴 세상 풍경 같다

어머니, 어머니

얼굴을 익히기도 전에 돌아가신 어머니 얼굴이 보고 싶다는 K. '어머니'라는 말만 들어도 금세 눈시울이 젖는다. 사진이라도 남아 있나 해서 집 안 곳곳을 뒤져 보았으나 찾을 수 없어 십리 길 면사무소까지 찾아가 봐도 주민증도 없던 시절이라 사진이 없다는 허망한 대답뿐. 혈육인 외삼촌과 이모 모습에서 어머니 얼굴 윤곽이라도 찾아보려 하나, 그 또한 사진 한 장 못 남기고 저세상 가신 지 오래라 허탈하던 중 예순 해 전 내가 그 어머니 얼굴을 안다고 하니 연고도 없는 내게 기억을 되살려 윤곽만이라도 그려 달라고 애원한다. 꿈에라도 나오시면 눈 속 깊이깊이 새겨 두고 싶은데 야속하게 어머니는 꿈에도 나오시질 않는다며 하염없이 먼 하늘을 바라보며 눈시울을 적시는 K. 바라보면 가슴이 아프다. 세상에 이보다 더한 아픔이 있을까? 눈시울 젖는 K 앞에서 가신 지 마흔다섯 해 만에 유품인 어머니 무명저고리에서 기적처럼 찾아낸 작고 희미한 스냅 사진 속 점 하나로 남은 어머니 얼굴을 몇 십 배로 확대해 놓고 행복해한 내가 미안하다.

고향 집

풀벌레 소리 강물을 이루는 고향
부모님 돌아가시고
빈집으로 남아 있던 시골집
마을에 새 길 나면서 다 사라지고
흔적처럼 남아 있는
대문간 감나무 성근 가지 너머
장대로 홍시를 따 주시던
아버지 따스한 얼굴 아련히 떠올라
한참 바라보다 왔다
그리운 건 왜 모두 헐벗은 모습인지
어렵게 살았던 옛날이지만
세월이 구부러진 그 시절이 그립다

까치 생각

믿을 나무 한 그루 없는 시가지
높다란 교회 종각 위에
까치가 아슬아슬 둥지를 틀고 있다
전신주 꼭대기에 자리 잡고 살더니
정전 사고 원인 된다며
한전이 부숴버려 옮겨 왔다
이곳마저 쫓겨나면 바람 거센 이 계절에
또 어디로 이사해야 할지
먼 하늘 바라보며 멍하니 앉아 있다
도회지 주택 사정은 사람만 아니라
까치도 어렵기는 마찬가지인 세상이다
아침마다 깍 깍 깍 짖던 그 소리
집 문제가 절박한 피 울음 같다

구절초

바람의 결기 매서운 계절
천변 둑과 야산 자락에
점점이 박혀 있는 구절초
비탈과 평지 가리지 않고
태어난 자리에서
아홉 번 꺾이는 굽이를 넘고
꿋꿋이 제 이름 지켜온 내력
온몸으로 보여주고 있다
제 얼굴 제 이름 하나
지키기 힘든 세상
모진 비바람 속에서
제 얼굴 지켜온 자랑
그 하나만으로도
구절초는
빛나는 이름이다

행복한 사람

기다릴 게 남아 있는 사람은
행복한 사람이다
설사 그 기다림이
기다림으로 끝나버린다 해도
저문 길목에 서서
보고 싶은 얼굴을 기다리며
작은 소리 하나에도 귀를 열고
숨죽이는 사람은 행복한 사람이다
기다린다는 건
희망을 보듬으며 그리워하는 것
아무리 바람 불고 눈비가 내려도
돌아갈 고향이 있는 사람은
행복한 사람이다

제 **4** 부

비 오는 날

비 한 번 내리니 이리 다 젖는 걸
그리도 가리고 살았구나
빈껍데기 하나 움켜쥐고
속 젖는 줄 모르고 살았구나
속수무책 젖고 있는 산과 들을 보며
부끄러운 나를 다시 본다

메밀밭에서

하늘이 아득해서 들길에 나서니
메밀밭에 돋아난 잡풀에 묻혀
메밀들이 잘 보이지 않는다
간혹 보이는 것들도
키만 자라고 야윈 것들뿐
대궁이 붉고 야무진 메밀들은
기억 속에나 있는지

달밤에 소금 뿌린 듯한
가산可山*의 정취가 아슴아슴 멀고
밭 아래 새 신작로를 달리는
외제 자동차 클랙슨 소리에
놀란 개구리가
세월보다 높은 둑을 넘는다

* '메밀꽃 필 무렵'을 쓴 소설가 이효석의 호

비 내리는 오후

오색 구름이 해를 가리더니
비가 쏟아져 내린다
햇빛 빛날 때 그리도 많던
나비와 새
그림자도 안 보인다
마른날 숨어 살던 두꺼비들
슬금슬금 마당으로 기어 나온다
젖을수록 생기 돌던
그 노래 다 빼앗겼는지
머뭇머뭇 눈치 보며
밀려난 듯 맥 빠진 가락에
온몸 젖는 어느 날 오후
내 두툼한 장화가 부끄럽다

은행나무 아래서

언제까지나 버틸 것 같던 무더위가
슬그머니 고개를 숙이는 오후
거리에 나서 보니
가로수 은행잎이 노랗게 물들고
바람이 결기를 세워가고 있다
자연은 어떤 물음도
함부로 던지지 않는데
변화의 바람 속에서도
붙잡아 두고 싶은 것이 많은데
때 이른 가을빛은 누구 부름을 받고
이리 바삐 오고 있는 건지
물드는 은행잎을 멍하니 바라보다가
문득 거울을 꺼내 들여다보니
주황빛 아우라가
은은히 번져 오는 풍경 속에
낯선 내가 우두커니 서 있다

가을 인상 1

어느새 이만큼 와 버렸나.

파란 하늘에 추억처럼 고추잠자리가 날고 아이들이 돌아간 빈 운동장 가에 빨간 샐비어 꽃잎 위로 노란 은행잎이 지고 있다. 같은 때 같은 땅에 나서 하나는 저리 빨갛고 하나는 저리 노랗게 물드는 이치가 멀다. 오늘 같은 날 저 높푸른 하늘에 어찌 그 흔한 구름 한 덩이 흐르지 않는가. 광덕廣德*이 바라보던 신라의 하늘 서西으로 가는 달 같은 구름 아니라 지용芝溶**의 고향 황톳빛 산자락을 휘감는 안개 같은 구름이 그립다.

갈수록 높아가는 하늘
저마다 제 빛깔로 물드는 이 계절
나는 무슨 빛깔로 어디쯤 가고 있을까.

*신라 문무왕 때 향가 '원왕생가(願往生歌)'를 지은 스님
**충북 옥천이 고향인 시인 정지용(1902~1950)

가을 인상 2

어느새 십일월
단풍 든 달력을 떼어내니
바로 눈 덮인 산
무덥던 여름 무던히도 길더니
서늘한 가을은 오자마자 가버리는가
아직 거두지 못한 것들이 많은데
바람의 결기가 낯설다
고향 집 텃밭에서 가지째 꺾어 온
감들이 흰 벽에 매달려 유난히 붉다
홍시가 되거든 따 먹자던
여덟 살 외손녀의
까만 눈길이 머물던
감나무 가지를 바라보다가
내 얼굴을 거울에 비춰 본다

상강霜降

가을과 겨울 사이
얼음처럼 차가운 하늘
수상한 세상에 가려
날로 멀어져가는 낯익은 이름들
무딘 시력에다 흐려지는 정신력
그걸 걱정하는 아내와
날이 갈수록 작아지는 나
이럴 때는 모든 걸 벗어버리고
아무도 찾지 않는 깊은 곳에서
마음 편히 외로워지고 싶은데
아는지 모르는지
어쩌자고 무심하던 하늘은
저리도 푸를까

겨울 길목

나 모르는 새
청청한 슬픔이 아득한
그리움으로 하늘을 물들이네
누군들 속이 없으랴
겨울엔 나무도 춥다
춥다고 말하지 않을 뿐이다
바람 불면 옆구리가 결린다
가을 지나 겨울로 가는
그 옛날 낭만 같은 돌담 길
돌아보니 눈부신 금빛
무성한 그 말씀 위에
천년의 비가 내린다

겨울 아침

바람 한 점 없는 초겨울 아침
앙상한 가지만 남은 나무들이
미동도 없이 서 있다

빈손이라도 흔들어야
살 수 있는 세상에서
그림처럼 숨죽이는 정경이
묘소처럼 적막하다

얼음장 같은 하늘도
화사하던 햇살도 오늘은
묵묵부답 입이 붙어버렸다

차라리 바람이라도 불어
살아 있다는 걸
보여 주면 좋으련만

겨울밤 암중모색

밤 11시 59분
시계 초침 소리만 살아 있는
칠흑 같은 어둠 속

나를 받치고 있던
벽에서 미풍이 일더니

내 영혼의 마른 가지 위로
까치 한 마리 날아올라

허공을 돌다
슬며시 내려앉는다

밤을 지새워도 답이 없는
긴 겨울의 암중모색

돌아보니 내일이 있던
그때가 전성기였다

회고

헛발질만 해 온 일흔다섯 해
공통분모를 찾아 헤매다가
여유로운 시간 다 흘려보내고
알 수 없는 추상화 속에 서 있다
뚜렷한 가락이 실려 있는
묵직한 바람 속에 서고 싶은데
내 목소리, 내 걸음을 찾고 싶은데
허우적거리며 흐르는 세상
바쁜 사람들 틈바구니에서
저만큼 시가 멀어지고 있다

요즘 나는

요즘 나는
날이 갈수록 침침하고 멍멍해
시 한 편을 못 쓰고 있다
시의 가슴은 따뜻하고 순수하다는데
내 가슴은 차갑고 때가 묻었나
나이를 더해 가도
철 따라 제 옷을 갈아입는 나무와
저마다 제 목소리로
맑은 노래를 부르는 새들 앞에서
아련한 기억의 미로를 헤매고 있다
가면 길이 된다는데
길을 못 찾고
빛바랜 기억 속에서 좌충우돌이다
갈수록 아득해지는 나의 시
따뜻한 눈길로 다시 만날 수 있을까

시詩를 잃어버린 세상

어쩌자고 이리 비를 쏟아붓는지

이 장마에 상트페테르부르크 네바 강변에서 시를 읽던 사람은 지금 무얼 하고 있을까

빗속에서 더 빛나던 하이델베르크 고성古城, 괴테와 마리안느 폰 빌레마와의 사랑은 아직도 뜨거울까

타고르의 예지가 빛나던 거리에 굉음을 쏟아내는 폭주족의 행렬을 보며 입이 붙어버린 인왕산은 무슨 생각을 하고 있을까

지루한 장마 끝에 빛나는 하늘을 손 들어 반기는 플라타너스 저 몸속에는 푸른 시가 살아 있을까

어떤 광대

바람 불 때마다
눈 밝은 사람들 저만큼 다투어
귀를 세우고 있는데
내 무딘 오관은
함성의 언저리를 맴돌다가
삼단 같은 전설만 반추한다

침묵할수록 눈부시게 되살아오는
원색 깃발, 더운 언어들
무방비로 젖고 있는데
짙은 조명 속
참담한 유형流刑의 고독이
흰 웃음 속에 녹아 흐른다

회색의 계절
고층 빌딩에선 마냥 저렇게
백기白旗만 나부끼는데
아둔한 광대는 아직도
그 자리를 서성이고 있다

자성自省

얼마나 지워야
이 굴레를 벗어나나
바람 불고 비 내리면
봄이 올 줄 알았는데
때아닌 계절에 눈이 내린다
질퍽한 눈길을
밤을 새우며 걸어도
가슴에 들지 못하고
언저리를 서성이는
희망이라는 화두話頭
오를수록 가파른 언덕
젖은 등과 휜 허리
쓰러지지 않을 만큼
적당히 바람에 편승하고
미소도 섞어 주면 좋으련만
고개 들면 머리에 피가
몰리는 건 어쩔 수가 없다
차라리 한 조각
얼음 같은 것이면 좋겠다
녹여버릴 수라도 있게

무거운 질문

시골 할머니들이 노인회관에 모여 앉아
이야기를 나눈다
치매로 요양원에 간 친구 할머니가
돌아가셨다는 말끝에

"가면 돌아오지 못하잖아"
…………………………
…………………………

그 말 한마디가 어찌나
쓸쓸하고 허하게 들리던지
내가 어디에 있는지도
모르는 채 살고 있는 내게는
너무 무거운 질문이다

이제껏 나는 내게
이 질문을 해 본 적 없다
내가 누구인지 내게 물었다가
영영 내가 누구인지
모르게 될까 두려웠다

"가면 돌아오지 못하잖아"
그 말 한마디가
아련한 이명耳鳴처럼
나를 흔들어 깨워주고 있다

사는 법

눈 감고 귀 막아야
편하다는데

누구를 닮았나
너무 밝다

살랑살랑 머리 흔드는 게
천 년 전 그 모습이다

바람 자야 조용해질 텐데
순순히 잘 기색 아니다

누가 알겠는가
잠 못 드는 마음을

에버랜드에서

입을 귀에 걸고 회전목마를 타는 아이들 보니 반세기 전 아들딸 데리고 와서 놀던 때가 그립다. 넓은 장미 화원에서 오누이가 숨바꼭질하며 뛰어다니던 모습, 사자와 호랑이를 보며 탄성을 지르던 소리가 들리는 것 같다. 세월의 격랑 속에 잠복해 있던 기억들이 하나하나 되살아나 꽃을 피운다. 화원을 수놓던 빨갛고 노란 튤립의 앙증스러운 모습은 그대로인데 되돌아갈 수 없는 그 시절.

내가 서 있는 이곳이 차라리 잘못 타고 온 버스 속 같으면 좋겠다.

막차

어수선한 계절
모두 다 떠나가고
취한 사람만 남아
간신히 추슬러 탄
시골길 막차

번지듯 몰려드는
칠흑 같은 어둠 속
저만큼 외딴집
불빛이 졸고

차창을 스쳐 가는
무심한 정경들
점점이 밀려오는
그리운 이름들

훌훌 다 내려놓고
황톳빛 그 옛길로
다시 돌아가고 싶다

해설

자연 친화와 회귀의 시학

이 태 수 〈시인〉

해설

자연 친화와 회귀의 시학

이 태 수 <시인>

i) 김원호 시인은 자연 친화親和와 회귀回歸를 지향한다. 자연과 멀어진 세속 사회에서는 혼미와 갈등에서 자유로울 수 없지만 자연의 품에서는 화해와 융화, 평온과 사랑 안에 든다. 요즘 세상과 세태는 비인간화로 치닫고 진실이 왜곡되며 불화不和와 소통疏通 부재로 답답하고 우울하게 하지만, 자연의 질서와 순리는 극명하게 대비되는 은총과 축복과 행복의 세계를 안겨 주기 때문이다.

시인은 어지러운 현실 속에서도 자연뿐 아니라 작은 일로 감동케 하고 마음 따뜻하게 덥혀주는 사람들도 없지 않아 희망의 끈을 놓지 않는다. 겸허한 내면 성찰內面省察과 자성自省을 바탕으로 사람들과 더불어 할 더 나은 삶과 그런 세상을 그리워하고 기다리기도 한다.

하지만 시인이 자연의 깊이와 비의秘義에 가까이 다가가고 평정심平靜心을 찾게 되는 건 자연의 품에 깊숙이 안기면서이며, 자연을 향한 지극한 외경심으로 종심從心에 이르러 세상을 '꽃'과 '사랑'으로 승화시켜 바라보는 경지에 들고 있다.

ii) 시인은 요즘 세상과 그 속에서의 삶을 비관적悲觀的인 시선으로 바라보고 들여다본다. "질정 없이 세상 휘젓는 바람 / 설레발을 치는 연기 / 날로 가팔라지는 언덕"(「요즘 세상」) 같은 데다가 사람들도 "불 지피면 뜨거워지다가 / 불 꺼지면 이내 차가워지는 / 양은냄비 같"(「믿어도 될까」)고, '정신 나간' 것으로 보이기도 하기 때문이다.

질정 없이 세상을 휘젓고 설레발치며 가팔라지는 건 요즘 사람들의 행태行態지만 바람과 연기와 언덕에 비유되며, 시류時流에 재바르게 편승하고 가벼운 변덕을 부리는 사람들의 속성이 양은냄비에 비유된다. 이런 세태에다가 도시화 사회의 생활 현장은 삭막하기 그지없으며 두려움의 대상으로 여겨지게 한다.

> 답답한 도시
> 숨통처럼 비어 있던 여백에
>
> 짐승 같은 아파트가 들어서면서

아침을 불러주던 새마저
날아가 버려 아득한데
어쩌자고 계절이 이리 횡설수설인지
정신 나간 세상이 닮을까 두렵다

—「요즘 풍경」 부분

시인은 도시가 답답해지는 현상과 추세는 숨통 같은 자연의 여백이 없어지고, 아파트를 짐승 같다는 보듯이 비인간화로 치닫기 때문이라고 바라본다. 도시에 시멘트 숲을 이루는 아파트의 밀집은 사람들에게 자연과 멀어지게 해 '새가 불러주던 아침'이 사라지게 했다고도 안타까워한다.

게다가 계절(날씨)마저 횡설수설이라 정신 나간 세상이 닮을까 두렵다고 한다. 보는 시각에 따라 다를 수 있겠지만, 세상 돌아가는 게 횡설수설이고 계절이 정신 나간 것으로 볼 수도 있어 이 문맥을 뒤집어 읽어도 좋을 듯하다. 시인이 절규하듯 바라보는 요즘 세상은 눈부신 허언虛言과 이기주의에 매몰된 함성, 믿을 수 없이 요란하기만 한 깃발들이 난무한다.

자고 나면 새순처럼 돋아나는
부신 말과 요란한 깃발들
경계가 모호할수록
주인이 많은 법인가

함성은 요란한데
어디를 둘러봐도
내 영혼 쉬어 갈
풀밭 하나도 보이지 않는다

—「요즘 세상」 부분

시인은 이같이 혼미해진 세태에서는 진실의 경계가 모호해지므로 세상을 좌지우지하려는 주인이 많아져서 "내 영혼 쉬어 갈 / 풀밭 하나도 보이지 않는다"고 한탄한다. 나아가 역설적으로 "사람이 너무 밝아 / 어두워진 세상"이라 "달이 저만큼 / 멀어지고 있다"(「멀어지는 달」)고 완곡하게 은유隱喩하는가 하면, 혼미해진 세상에서의 자신에게 시선을 돌리면서는 또 다른 역설을 한다.

세상이 혼미해진 탓인가
수십 미터 거리의 풍경은 보이는데
눈앞의 신문을 읽을 수가 없다
그렇다고 돋보기를 쓰면
먼 곳이 또 아득해지니
속수무책이다

이리 될 줄은 생각지 못하고
젊은 시절 학생들에게
가까운 곳보다

먼 곳을 보는 눈을
가지라고 했던 말을
돌려받고 싶다
—「근황」부분

원시遠視 현상에 빗대어 혼미한 세상을 희화화戲畫化하는 이 시는 요즘 세상이 가치관의 혼선을 빚을 정도로 혼미스러워 속수무책이라고 토로한다. 먼 곳은 보이지만 가까운 곳이 잘 보이지 않아 가까운 곳을 보려 하면 먼 곳이 안 보이는 혼란을 비켜설 수 없는 게 자신의 근황近況이기 때문이다. 세상이 혼미해진 것을 자신의 시력에 비춰보면서 오죽하면 교단 시절 학생들에게 먼 곳을 보는 눈을 가지라고 했던 말을 돌려받고 싶다고 하겠는가.

이 같은 자기 성찰은 세태의 흐름과 연계해 "시간의 속도가 너무 가파릅니다 / <중략> / 앞만 보고 정신없이 달려오는 사이 / 내가 보이지 않습니다"(「허전한 넋두리」)라는 좌절감에 빠지게도 하고, 극도의 자기 비하卑下와 자책自責으로 이어진다.

산에서 산을 제대로 볼 수 없고
강에서 봐야 산이 제대로 보이듯
자기가 자기를 볼 수 없으니
거울에 비춰 볼 수밖에

머리 가득 서리를 이고 있는
거울 속 내 모습 보니
고개를 돌리고 싶다

—「푸념」 부분

하지만 시인은 자기 위안의 길도 찾아 나선다. "은비늘 물결 사이로 / 은근한 속정 내비치는 / 오래된 집 간장 같은 이야기 // 그 이야기를 듣고 있으면 / 이상하게 / 엉킨 마음이 빗질 된다"(「믿어도 될까」)는 대목이 말해주듯, 오늘의 세태와는 달리 오래된 집 간장 같은 이야기로 엉킨 마음을 가다듬게 되고, 자연의 질서와 순리에 겸허하게 다가서기도 한다.

항시 말이 없고 젖을수록 생기가 도는 너는 인간과는 너무 멀어라.

어김없이 오가는 계절의 순리에 맞춰 푸르러야 할 때 푸르고, 물들어야 할 때 물들고, 벗어야 할 때 미련 없이 벗어버리는 무량無量한 네 법 앞에 사람인 내가 부끄럽다. 말없이도 때따라 푸르고, 누르고, 입고, 벗고, 자유로울 수 있는 너의 탈속을 닮을 도리가 없구나.

—「나무에게」 전문

자신을 세속 사회의 속인俗人으로 낮추어 우주 질서와 계절의 순리에 묵묵히 따르는 나무를 부러워하고 닮고 싶어

하는 심경을 진솔하게 떠올리는 시다. 나무의 '무량한 법'과 '탈속脫俗'을 닮을 도리가 없다는 것은 닮고 싶은 마음이 간절하다는 말에 다름 아닐 것이다.

시인은 또한 자연뿐 아니라 "할머니 무릎 베고 듣던 / 흥부네 이야기 / 소록소록 숨 쉬고 있을 듯한 / 아늑한 저 산골짜기 / 시끄러운 세상 벗어 두고 / 잠시라도 그곳에 가고 싶다"(「그곳에 가고 싶다」)고 향수鄕愁 속의 옛 고향 회귀를 꿈꾸면서 현실 초극의 길을 트기도 한다.

iii) 시인은 요즘 세상이 "눈 뜨고 코 베이는"(「무서운 서울」) 곳일 뿐 아니라, 극단적인 경우지만 코로나 팬데믹 시대를 소환召喚하며(지금도 크게 다르지 않지만) "사람 만나 악수하지 않는 게 예의고 / 가까이서도 입 다물고 고개 돌리는 게 / 인사가 되어버린 세상"(「한 번도 경험 못한 세상」)이라고 단절과 소통 부재의 삭막한 시대를 안타까워하면서도 다른 한편으로는 이 같은 세상과 세태에도 마음을 따뜻하게 이끌어주는 사람들 때문에 기대와 희망의 끈을 놓지는 않는다.

「무서운 서울」에서 전철을 탔을 때 젊은이들이 하나같이 눈 감고 자는 시늉을 하지만 "저들이 혹 눈 감고도 / 코 베어 갈 궁리나 하지 않을까 두려워 / 눈을 감을 수가 없다"든지, 「한 번도 경험 못한 세상」에서 "마스크 하나로 입과 코를 가리고 / 수상한 세상을 아슬아슬 건너야 한다"고 정치

적인 정황까지 끌어들여 근래의 현실을 풍자諷刺한다.

한 노인이 어린 손자에게 '대구大邱'를 한자로 '大口'라고 쓴다고 잘못 가르치는데 손자가 입이 큰 물고기를 그렇게 부른다며 고개를 끄덕이는 장면을 그리고 있는 「식자우환識字憂患」에서는 "세상은 저만큼 앞서가는데 / 뜬금없이 입의 크기나 재고 있으니 / 눈이 내려야 할 계절에 / 비가 내리는지도 모른다"고 잘못 돌아가는 세태에 대해서도 우회하며 질타한다.

그러나 이런 어지러운 세상에서도 시인을 감동케 하고 흠모欽慕하게 하는 사람들이 없지 않고, 연민의 정을 자아내게 하는 사람들도 있어 희망의 싹을 보듬게 되기도 한다. 사소한 일에도 깨어 있는 양심을 저버리지 않는 사람, 하늘을 향해 고고하게 살아가는 사람, 그늘지고 소외돼도 묵묵히 선량하게 사는 사람, 따뜻한 세상을 꿈꾸며 기다리는 사람들이 바로 그들이다.

상큼한 오월의 아침
출근하는 사람들과
등교하는 학생들로 붐비는 시가지
아스팔트 길 한가운데 버려진
비닐봉지와 빈 우유 팩
누구 하나 관심을 보이지 않는다
차이면 차이는 대로

밟히면 밟히는 대로
그저 바쁘게 지나가는 사람들
하나같이 무심한데
책가방을 메고 가던 꼬마 녀석
모두가 모른 척 지나쳐 버린 그걸
주섬주섬 주워서는
저만큼 떨어져 있는 쓰레기통에 버리고
아무 일 없었다는 듯이 간다
아, 행함으로 세상을 밝히는
깨어 있는 양심의
저 섬광처럼 눈부신
뒷덜미!

—「한 감동」 전문

붐비는 아침의 러시아워 시가지 풍경을 바라보던 시인은 어린 학생의 선행善行과 그 뒷모습에 감동한다. 한길 한가운데 투기해 방치된 쓰레기를 무심히 지나치는 사람들과는 사뭇 대조적으로 쓰레기를 주워 거리가 떨어진 쓰레기통에 넣고 대수롭지 않은 듯 가는 어린 학생을 통해 우리 사회의 희망을 발견했기 때문이다.

그 어린 학생을 "세상을 밝히는 / 깨어 있는 양심"이며, 그 뒷모습을 "섬광처럼 눈부신 / 뒷덜미!"라고 예찬禮讚해 마지않는 시인의 마음 역시 감동을 자아낸다. 그야말로 "상큼한 오월의 아침"의 한 장면이 아닐 수 없다.

파란 하늘 아래

살가운 햇살

산처럼 넉넉한 정기 데리고

물처럼 맑은 바람 불어주는

한 그루의 정정한 조선 소나무

그 아래 깃 치고 살아가는

순백의 선학仙鶴 한 쌍

큰 날개 긴 다리를 가지고도

넓은 골 높은 나무를 넘보지 않고

짐짓 뚜벅뚜벅

하늘을 향해 산

—「학鶴—문몽식 선생님」 전문

'부처 눈에는 부처가 보인다'는 말이 있듯이, 이 시는 학처럼 고고한 사람(부인까지)을 그리고 있으면서도 그렇게 보는 마음눈 역시 학처럼 고고해 보이게 한다. 이 시에서 정정한 조선 소나무는 푸른 하늘 아래서 햇살을 받으며 산처럼 넉넉한 정기와 함께 물처럼 맑은 바람을 불어주는 존재로, 그 크지 않은 소나무 아래 깃들어 사는 사람(부부)을 '순백의 선학仙鶴 한 쌍'에 비유한다.

그 정정한 조선 소나무는 학처럼 사는 부부의 삶의 터전이며, 그 터전에서 능력과는 상관없이 "넓은 골 높은 나무를 넘보지 않"는 겸허한 절제의 자세로 오로지 하늘을 우러러 사는 모습을 그리고 있어 시인이 지향하는 바의 삶의 가치관을 시사示唆하기도 한다. 시인의 이 같은 마음눈에는

> 낡은 리어카에
> 폐지를 가득 싣고
> 힘겹게 비탈길을 오르는
> 등 굽은 할아버지
>
> 무거운 책가방을 메고
> 어깨가 처진
> 하굣길 학생들의 군상
>
> —「어느 오후」 부분

이 예사롭게 여겨질 리 없으며, 세상을 떠난 사람이지만 "6·25 반공 포로 석방 때 / 정든 고향 부모 형제 두고 / 자유 찾아 대한민국에 남"(「쓸쓸한 자유」)아 "머슴살이하며 장가들어 / 아들딸과 행복하게 살던 모습"(같은 시)도 잊힐 리가 없다. 더구나 자유를 찾아왔던 그 실향민失鄕民은 뻐꾸기 소리가 들리면 "고향 뻐꾸기 소리 같다며 / 헐겁게 웃던" 모습이 떠오르니 그 곡진한 연민의 정이 어디 가겠는가.

시인의 연민과 그리움은 세상을 떠난 부모를 향해서는 더욱 절절하고 곡진한 빛깔을 띤다. 반세기 전에 별세한 어머니를 향해서는 "가만가만 스며드는 옥실 같은 말들을 / 떠

올리면 그제도 오늘도 눈시울이 무른다"(「마셔도 마셔도 목이 탔다」)고 한결같이 연민과 함께 그리워한다. 그 연민과 그리움은 "가신 지 마흔다섯 해 만에 유품인 어머니 무명저고리에서 기적처럼 찾아낸 작고 희미한 스냅 사진 속 점 하나로 남은 어머니 얼굴을 몇 십 배로 확대해 놓고 행복해"(「어머니, 어머니」)하는 모습으로 승화되기도 한다.

아버지에 대한 그리움은 「고향 집」에서 그리고 있듯, 지금은 사라지고 없어진 옛집의 흔적을 더듬으며 "대문간 감나무 성근 가지 너머 / 장대로 홍시를 따 주시던 / 아버지 따스한 얼굴 아련히 떠올라 / 한참 바라보다 왔다"고 묘사하는 대목만으로도 짐작해 보게 한다.

시인은 지난날들에 대한 안타까움을 넘어서고 승화시키면서는 긍정적인 시각으로 희망을 보듬으면서 그리워하고 새로운 날들을 기다리며, 그 기다림이 바로 행복이라는 깨달음에 이르기도 한다.

기다릴 게 남아 있는 사람은
행복한 사람이다
설사 그 기다림이
기다림으로 끝나버린다 해도
저문 길목에 서서
보고 싶은 얼굴을 기다리며
작은 소리 하나에도 귀를 열고

숨죽이는 사람은 행복한 사람이다
기다린다는 건
희망을 보듬으며 그리워하는 것
아무리 바람 불고 눈비가 내려도
돌아갈 고향이 있는 사람은
행복한 사람이다

—「행복한 사람」 전문

기다릴 게 남아 있는 사람이 행복한 것은 "보고 싶은 얼굴"과 "돌아갈 고향이 있"기 때문이고, "기다린다는 건 / 희망을 보듬으며 그리워하는 것"이라는 시인은 "설사 그 기다림이 / 기다림으로 끝나버린다 해도" 기다리겠다는 '기다림의 행복'론을 펴고 있는 셈이다.

ⅳ) 시인의 적지 않은 시편들은 노년의 심경心境을 진솔하게 내비치는 내면 성찰에 주어지고 있다. 희망을 저버리지 않고 세상을 바라보며, 사람들에 대한 흠모나 연민을 떠올리는 것도 근본적으로는 더 나은 삶과 깨달음을 향한 내면 성찰이 바탕을 이루고, 이 자성이 은밀한 추동력이 되어 주기 때문으로 보인다. 그러나 사람들의 삶이 별반 다르지 않듯, 노년의 자신을 들여다보는 시인의 심경이 회한悔恨과 무상감無常感에서 자유롭지는 않다.

세월의 흐름이 안겨주는 무상감은 "때 이른 가을빛은 누구 부름을 받고 / 이리 바삐 오고 있는 건지 / 물드는 은행잎을 멍하니 바라보다가 / 문득 거울을 꺼내 들여다보니 / 주황빛 아우라가 / 은은히 번져 오는 풍경 속에 / 낯선 내가 우두커니 서 있다"(「은행나무 아래서」)고 그리듯이, 심지어 조락의 계절에 접어든 자연의 변화와 더불어 맞이할 수밖에 없는 노년의 '나'가 낯설어 보이게까지 한다.

서리 내리는 계절(늦가을)에는 또한 "모든 걸 벗어버리고 / 아무도 찾지 않는 깊은 곳에서 / 마음 편히 외로워지고 싶은데 / <중략> / 어쩌자고 무심하던 하늘은 / 저리도 푸를까"(「상강霜降」)라고 푸른 하늘과 "날이 갈수록 작아지는 나"(같은 시)를 대비시키면서 바라보기도 한다.

> 비 한 번 내리니 이리 다 젖는 걸
> 그리도 가리고 살았구나
> 빈껍데기 하나 움켜쥐고
> 속 젖는 줄 모르고 살았구나
> 속수무책 젖고 있는 산과 들을 보며
> 부끄러운 나를 다시 본다
>
> —「비 오는 날」 전문

시인은 비가 내려 산과 들이 젖는 모습을 바라보면서 젖지 않으려고 가리고 살았던 지난날을 빈껍데기 하나 움켜쥐고 살았다고 돌아보는가 하면, 속 젖는 줄 모르고 살았다고 부끄러워한다. 자연현상에 비기면 인간의 삶은 하잘것없는 일부에 지나지 않으며, 그 거대한 질서 속에 수렴될 따름이다. 이 부끄러움은 자신의 삶을 '헛발질'에 지나지 않았다는 데까지 비약한다.

> 헛발질만 해온 일흔다섯 해
> 공통분모를 찾아 헤매다가
> 여유로운 시간 다 흘려보내고
> 알 수 없는 추상화 속에 서 있다
> 뚜렷한 가락이 실려 있는
> 묵직한 바람 속에 서고 싶은데
> 내 목소리, 내 걸음을 찾고 싶은데
> 허우적거리며 흐르는 세상
> 바쁜 사람들 틈바구니에서
> 저만큼 시가 멀어지고 있다
>
> —「회고」 전문

시인은 자신을 "공통분모를 찾아 헤매다가 / 여유로운 시간 다 흘려보내고 / 알 수 없는 추상화 속에 서 있다"고, 보편성(상식) 속에서 맴돌던 지난날을 아쉬워하며 알 수 없는 정황에 놓인 현실을 안타까이 들여다본다. 더 나은 삶을 향한 꿈꾸기와 그 지향이 시 쓰기라는 생각 때문일까. 시인은 "저만큼 시가 멀어지고 있다"는 비감悲感에 젖으며, "내 목소리, 내 걸음"(시)이 고삐(세속)에 익숙한 사람들 틈바구니에서 비틀거리며 덩달아 흐르고 있다고도 돌아본다.

이 아쉬움은 "시의 가슴은 따뜻하고 순수하다는데 / 내 가슴은 차갑고 때가 묻었나 봐"(「요즘 나는」)라는 데로 옮겨가면서, 사람들 틈바구니에서 덩달아 흐르기도 했겠으나 따뜻하고 순수하지 못했기 때문이라는 자책감에 이르기도 한다. 하지만 그뿐만도 아니다.

나이를 더해 가도
철 따라 제 옷을 갈아입는 나무와
저마다 제 목소리로
맑은 노래를 부르는 새들 앞에서
아련한 기억의 미로를 헤매고 있다
가면 길이 된다는데
길을 못 찾고
빛바랜 기억 속에서 좌충우돌이다

—「요즘 나는」 부분

시인은 철 따라 제 옷을 갈아입는 나무와 저마다 제 목소리로 맑은 노래를 부르는 새들을 떠올리면서 나무와 새들과 같이 한결같지 않은, 나이가 들수록 느끼게 되는 몸과 정신의 노화老化를 안타까워한다.

자신이 시와 가까워지지 않는 건 아련한 기억의 미로迷路를 헤매거나 빛바랜 기억 속에서 좌충우돌하기 때문이며, 따뜻한 가슴과 순수성을 잃어가고 있다고도 자탄한다. 하지만

"갈수록 아득해지는 나의 시 / 따뜻한 눈길로 다시 만날 수 있을까"(같은 시)라는 기대와 희망을 내려놓지는 않는다.

시인에게 시는 가치관의 중심에 놓여있을 뿐 아니라 기억 속에 아름답게 자리매김하고 있다. 이 때문에 러시아의 상트페테르부르크 네바 강변, 독일 하이델베르크 고성 등의 해외 여행길에서도 시를 잃어가는 모습에 대해 안타까움을 금치 못한다.

> 어쩌자고 이리 비를 쏟아붓는지
> 이 장마에 상트페테르부르크 네바 강변에서 시를 읽던 사람은 지금 무얼 하고 있을까
> 빗속에서 더 빛나던 하이델베르크 고성古城, 괴테와 마리안느 폰 빌레마와의 사랑은 아직도 뜨거울까
> 타고르의 예지가 빛나던 거리에 굉음을 쏟아내는 폭주족의 행렬을 보며 입이 붙어버린 인왕산은 무슨 생각을 하고 있을까
> 지루한 장마 끝에 빛나는 하늘을 손 들어 반기는 플라타너스 저 몸속에는 푸른 시가 살아 있을까
>
> —「시詩를 잃어버린 세상」 전문

시와 함께 떠오르는 기억 속의 네바 강변, 시인 괴테와 마리안느 폰 빌레마의 뜨거운 사랑, 시인 타고르의 예지가 빛나던 인왕산 등은 시인에게 소중한 기억의 보고寶庫나 다름없으므로 장맛비가 쏟아지는 상황에서 시를 잃지 않을까 우

려하는 마음이 증폭될 수밖에 없었을 것이다. 더구나 이 같은 시를 향한 간절함은 장마 뒤의 플라타너스에도 "푸른 시가 살아 있을까"라는 생각에 미치게도 된다.

시를 열망하는 아쉬움은 자신을 제자리에서만 서성이는 "아둔한 광대"(「어떤 광대」)라는 자책으로 이어지게 할 정도이며, "헛발질만 해 온 일흔다섯 해"(「회고」)라고 확대(과장)되기도 한다. 하지만 헛발질을 했다는 건 시를 열망하는 강도가 그만큼 높다는 역설로도 읽히게 한다. 이 열망은 "얼마나 지워야 / 이 굴레를 벗어나나"(「자성自省」)라는 데로 비약되기도 하지만, 궁극적으로는

> 질펵한 눈길을
> 밤을 새우며 걸어도
> 가슴에 들지 못하고
> 언저리를 서성이는
> 희망이라는 화두話頭
>
> —「자성自省」 부분

라는 대목이 암시하듯, 가슴에 들지 않는 희망이라는 화두를 집요하게 붙들려고 하기 때문인 것 같다. 「사는 법」에서의 "눈 감고 귀 막아야 / 편하다는데"라는 대목도 편하게 눈을 감고 귀를 막을 수 없다는 결기를 역설적으로 내비치는 경우라 할 수 있다.

v) 시인은 늘그막에 자연의 품에 안기어 살면서 그 깊이와 비의秘義에 다가가고, 세속 사회에서와는 전혀 다른 평정심을 찾게 된다. 연악淵岳 산촌에서 "음악가가 없어도/ 철 따라 새들이 노래를 불러주고 / 화가가 없어도 / 자연이 아름다운 그림을 그려주는"(「산촌에 사는 행복」) 자연의 은혜와 축복과 행복감에 젖는다.

더구나 코로나 팬데믹으로 세상이 어수선할 때도 이 산촌에서는 "코로나 광풍에 얼어붙은 전신주 위 / 이당以堂의 수묵화 속을 날던 / 참새 한 마리 앉아 / 아득한 세상을 / 우두커니 바라보"(「아침 풍경」)는 수묵화 속같이 정적이 감도는 평온을 누리며 유유자적하는 여유도 가진다.

산촌 생활은 "맑은 햇살 아래 / 청신한 산색이 그림처럼 두렷하고 / 금방 푸른 물이 묻어날 것 같은 / 바람이 가슴을 씻어 주는 아침"(같은 시)을 맞게 해주는가 하면, 집에서 창밖으로 바라보는 주위의 원경遠景(풍경)마저도

청옥같이 맑은 하늘
금오산金烏山 정기 맞아들이니
창밖은 그대로 한 폭의
시원한 그림

—「자연 읽기」 부분

으로 보여지게 한다. 이 그림은 우러르는 하늘과 언제나 우

람하게 그 자리에 있는 산의 정기 때문이라고 믿는다. 이 자연의 품에서 지난날을 돌아보면서는 "어지러운 세상 / 문제의 답이 그 속에 다 있는데 / 우리는 마냥 밖에서만 답을 찾고 있"었다는 깨달음에 이르며 자연 회귀를 기꺼워한다.

이 깨달음에는 "자신의 말로 작은 연초록색 잎 하나 / 움직이지 못하면서도 / 저마다 스스로 영장靈長이라며 / 목청을 높이는"(「자연의 깊이」) 세속 사회 사람들의 어리석음과 그 한계에 대한 성찰도 어우러져 있다.

조용히 숨어 있다가
세상의 잣대로는
가늠할 수 없는 모습으로
슬며시 얼굴을 내미는
눈부신 빛과 아득한 깊이

모진 바람 불어도
남의 옷 입지 않고
묵묵히 제 가락으로 빛나는 자랑
누가 감히 흉내 낼 수 있으랴

—「자연의 깊이」 부분

시인이 느끼는 자연의 깊이는 세상의 잣대로는 가늠할 수 없겠지만, 조용히 숨어 있다가 슬며시 얼굴 내미는 "눈부신 빛과 아득한 깊이"로 함축하고 단순화해 보여주며, 인간들과 대비해 어떤 악조건 속에서도 제 모습, 제 가락으로 빛난다고 예찬해 마지않는다.

자연의 신비神祕와 비의는 무궁무진하겠지만 시인에게는 비가 내리거나 눈이 내리는 경우만도 경이롭지 않을 수 없다, 메마른 땅에 내리는 비가 천금千金 같은 건 「생명의 비」에서 그리듯 "안 보이던 산이 산으로 높고 / 강이 강으로 흐르"게 하면서 "생명의 소리"를 들려주기 때문이다. 「눈 한 번 내리니」는 혼탁한 인간 세상과 숭고한 자연의 세계(순리)를 더욱 구체적으로 대비해 떠올린다.

눈 한 번 내리니
시끄럽던 세상이
거짓말같이 조용해졌다
어느 정치가가
이 조용한 평화를 이룰 수 있을까
검고 푸르고 높고 낮은 세상이
순백으로 하나가 되었다
어느 화가가
이 깨끗한 그림을 그릴 수 있을까
숭고한 자연의 순리 앞에
새삼 내가 작아 보인다

—「눈 한 번 내리니」 전문

"검고 푸르고 높고 낮은" 세상에 "조용한 평화"가 오고

'깨끗한 순백의 하나'로 융화되기를 기구祈求하는 소망을 담고 있는 듯한 이 시는 흰 눈에 덮인 풍경화를 연상하면서 은근하게 정치 현실을 개탄하는가 하면, 자연의 순리 앞에서 새삼 역할이 극히 미미할 수밖에 없는 자신을 들여다보는 자성으로도 이어진다.

그런가 하면 「진실」에서 언급하는 바와 같이, 자연은 언제나 한결같이 제 모습, 제 역할로 "저마다 색깔이 달라도 / 다투지 않고 // 세상이 달아나도 / 그 자리에 있"는 '진실'의 귀감龜鑑으로 우러르며, 자연의 비밀(비의)을

> 사람들은 일이 뜻 같지 않으면
> 애꿎은 세월을 탓하지만
> 세상이 무슨 말을 해도
> 자연은 언제나
> 있어야 할 그 자리에 있다
>
> —「자연의 비밀」 부분

고 자연의 본성인 '진실'에 대해 일깨우기도 한다. 이 같은 자연에 대한 외경심이 그런 자연의 품에 든 마을의 한여름 긴 장마 뒤 갠 날의 풍경을 "골목마다 아낙들이 모여 / 산과 강과 세상을 이야기하고 / 집집마다 창을 열어 / 욧가지며 이불을 말리는 얼굴이 / 해보다 둥글고 밝다"(「살다 보면

이런 때도」)고 묘사하게도 했을 것이다.

긴 장마에 눅눅하게 젖은 마음들이
밝은 햇살 아래 반짝이고 있다
살다 보면 이렇게 한여름 햇살도
반가울 때가 있나 보다

—「살다 보면 이런 때도」 부분

자연의 품에서 그 순리에 따르며 종심을 넘어선 시인은 「꽃은 봄에만 피는 게 아니다」에서 "아름다운 마음으로 보면 / 세상이 온통 꽃"이라며 여름에는 녹음이, 가을엔 단풍이, 겨울엔 눈 덮인 산과 들이 꽃이라고 자연을 예찬하며 받들고 있다.

누군가에겐 포장도로에 가려져 있는
흙먼지 이는 시골길이
오솔길 끝에 있는 옹달샘이 꽃이다
아름다운 마음으로 보면
세상이 온통 꽃이다

—「꽃은 봄에만 피는 게 아니다」 부분

시인의 이같이 아름다운 마음눈에는 자연의 품에 든 세상을 '꽃'으로 볼 뿐 아니라 '사랑'으로 보는 경지에 들게도 하는 것 같다. 사랑은 '어떤 상대를 애틋하게 그리워하고 열

렬히 좋아하는 마음'이다. 종심을 넘기면서 세상을 아름다운 마음눈으로 바라보는 시인의 아름다운 경지에의 회귀를 부러워하지 않을 수 없다.

종심從心의 언덕에서 돌아보니 모두가 사랑이다. 맨날 보는 산 맨날 보는 들과 길도 사랑이고 답답하게 높기만 하던 금오산도 사랑이다. 우기 속을 걷는 청청한 나무도 사랑이고 가뭄에 가물가물 넘어가는 잔디와 더위에 지쳐 있는 상수리나무에게 해를 가려주는 구름도 사랑이다.

되돌아보는 회귀의 길엔 모두가 사랑이다.

—「종심從心의 언덕에서」 전문

■ 그루 현대시인선 22

종심從心의 언덕

초판 1쇄 발행 2024년 4월 5일

지은이 김원호
펴낸이 이은재
펴낸곳 도서출판 그루

출판등록 1983. 3. 26(제1-61호)
42452 대구광역시 남구 큰골 3길 30
TEL 053-253-7872 / FAX 053-257-7884
E-mail / guroo@guroo.co.kr

값12,000원
ISBN 978-89-8069-498-3